Brasília e o projeto construtivo brasileiro

coleção arte+
direção: Glória Ferreira

[+] **Arte conceitual**
Cristina Freire

[+] **Arte de vanguarda no Brasil: Os anos 60**
Paulo Reis

[+] **Arte e Mídia**
Arlindo Machado

[+] **Brasília e o projeto construtivo brasileiro**
Grace de Freitas

[+] **Corpo, imagem e representação**
Viviane Matesco

[+] **Linguagens inventadas,**
Palavra, imagem, objeto: formas de contágio
Fernando Gerheim

[+] **Performance nas artes visuais**
Regina Melim

[+] **O projeto do renascimento**
Elisa Byngton

[+] **Razões da crítica**
Luiz Camillo Osorio

[+] **A teoria como projeto:**
Argan, Greenberg e Hitchcock
Guilherme Bueno

GRACE DE FREITAS

brasília e o projeto construtivo brasileiro

ZAHAR

Para Álvaro e Ana Carolina

Capa
Dupla Design

Edição de texto
Elizabeth Cancelli e Mariana Viveiros

CIP-Brasil. Catalogação-na-fonte
Sindicato Nacional dos Editores de Livros, RJ.

Freitas, Grace de
F933b Brasília e o projeto construtivo brasileiro / Grace de Freitas. – 1ª ed. – Rio de Janeiro: Zahar, 2007.
(Arte+)

Inclui bibliografia
ISBN 978-85-7110-978-0

1. Arquitetura moderna – Século XX – Brasil. 2. Arte moderna – Século XX – Brasil. 3. Planejamento urbano – Brasília (DF). 4. Brasília (DF) – Edifícios, estruturas, etc. I. Título. II. Série.

CDD: 720.981
07-0140. CDU: 72.036(81)

EDITORA SCHWARCZ S.A.
Praça Floriano, 19, sala 3001 – Cinelândia
20031-050 – Rio de Janeiro – RJ
Telefone: (21) 3993-7510
www.companhiadasletras.com.br
www.blogdacompanhia.com.br
facebook.com/editorazahar
instagram.com/editorazahar
twitter.com/editorazahar

sumário

No princípio era o ermo...

A HOMENAGEM QUE Vinícius de Moraes (1913-80) e Tom Jobim (1927-94) fizeram a Brasília em *Sinfonia da Alvorada*, de 1960 – inicialmente composta para a inauguração da nova capital do país, em 21 de abril de 1961 –, é uma espécie de reverência à história de uma epopéia que vinha sendo feita na região do Planalto Central brasileiro. Tocados pela imensidão daquele lugar, deixaram-se encantar pela grandeza do projeto de construção de uma cidade em meio à imensidão do cerrado.

É "a majestade dos campos sem arestas que há milênios se aquietaram", dizia Jobim. Naquelas terras, bem se sabe pelas pesquisas que vêm sendo feitas, há vestígios de humanos que lá viveram há milênios, descamados pela arqueologia, registrados em pedras, cacos e sinais coloridos; há rastros de bandeirantes, trajetos de mineradores, tropeiros e comerciantes; há indícios de povoações, sesmarias, lendas, tribos; há levantamentos científicos e culturais de expedições; e há, desde o Brasil Colônia, o impulso de delimitação da área para facultar a interiorização. Era a isso tudo, e à empreitada do homem em construir Brasília, que se referiam Tom Jobim e Vinícius de Moraes.

Hoje, milhares de anos depois que o humano deixou sua primeira marca, os olhos de satélites permitem a visualização da mesma formação geológica trilhada por aqueles antepassados. À medida que nos aproximamos do lugar, visualizamos, a leste, a sinuosidade de linhas fluviais que formam um lago.

Mas, nesse aprofundamento de foco espacial, em meio às manchas de vegetação e terra vermelha, há agora vazios e sólidos, obra do homem. Simetria de linhas paralelas, circunferências e cores contidas por eixos arqueados, cortados por retas e ortogonais, cujas extremidades apontam dois eixos – norte-sul, leste-oeste – e denunciam a existência de Brasília, cidade-monumento.

Seu desenho, um pássaro, um avião ou um arco-e-flecha, é resultado de imagens construídas por uma geometria tensionada. Em se tratando de Brasília, cidade-capital, essa imagem resulta do "gesto primário" – elaborado pela "imagem-idéia", como descrito pelo arquiteto e urbanista Lúcio Costa (1902-98) no relatório de trabalho com o qual venceria o concurso de construção do plano piloto, em 1957.

Aquela empreitada seria um ato "deliberado de posse, um gesto de sentido desbravador, nos moldes da tradição colonial". Nela se inscreveria a chegada do colonizador, o que "descobre e povoa" o Brasil, dizia Costa. Era o retomar do caráter mitológico do lugar e do país e de todos os seus significados.

O recurso de Lúcio Costa à origem da formação da ocupação territorial brasileira, tendo como referência e alicerce o signo cristão, fez com que o primeiro traçado da nova capital – calcado geometricamente pelas máquinas em retas que se cruzavam e recortavam o cerrado – se tornasse a grande "imagem-objeto" da nação.

No gesto criador do urbanista, na configuração do espaço, Lúcio Costa perpassa do ponto à linha, à superfície e à sua própria história de saber e arte, enunciando e fazendo história. Em sua descrição do que pretendia como Brasília, podemos perceber que ele antecipou a visão da cidade-capital como aparição de uma obra de arte: um futuro já inscrito no momento da descrição do projeto, estabelecido em contornos, delineado em superfícies, configurado na composição.

Pretendia construir uma capital para a democracia, de traçado simples e funcional, trabalhando um conceito de monumentalidade próprio para uma capital do século XX, na qual as pessoas não se sentissem esmagadas. Para isso, estabeleceu um conceito de escalas, estruturando ao mesmo tempo uma *urbis* e uma *civitas*: "derramada, concisa, bucólica, lírica", criada para se tornar, com o tempo, um foco de cultura dos mais lúcidos e sensíveis do país, uma cidade-síntese das artes, como explicitado pelo crítico Mário Pedrosa (1900-81).

Da imagem-idéia à imagem-objeto, desenhou-se uma utopia proposta com clareza, guiada pela convicção na revolução socialista. Uma espécie de resposta às aspirações internacionais definidas pelos centros de vanguarda europeus a partir das primeiras décadas do século XX, na conexão de encontros em diferentes modernismos, para a elaboração de elementos urbanísticos e arquitetônicos revolucionários que se acreditava serem agentes transformadores da sociedade.

Há mesmo uma certa brutalidade histórica nessa proposta, tratada com exatidão e delicadeza pelo arquiteto Lúcio Costa: criar um mundo novo, justo, produtivo e feliz, traduzindo a ideologia da beleza que, para se concretizar, vinha conclamar a nação. Ancorado na sua própria tradição cultural do país – a colonial –, Lúcio Costa elaborou esse projeto trazendo todo um contingente de vida e experiência, valendo-se de procedimentos ilustrativos de outras cidades e sistemas urbanísticos.

No plano, havia uma intencionalidade implícita, ou seja, um alinhamento à internacionalização do Construtivismo da primeira metade do século XX, baseado em relações com o pensamento, o espaço-tempo-movimento, a técnica, os materiais, a arte, a indústria e, ainda, com a institucionalização da geometria abstrata. Uma organização de traçado em blocos de sentido que integravam e relacionavam o humano e suas funções.

Pelos conceitos de Costa, há um conjunto de idéias cujo desejo é mudar o mundo. Arquiteto-artista moderno, ele é o urbanista capaz de pensar a sociedade como um todo, em sua organização racional, pela crença no progresso e em uma "industrialização capaz de transferir o imemorial anseio de justiça social do plano utópico para o plano das realidades inelutáveis".

Refletindo sobre a arte contemporânea, em ensaio de 1952, Lúcio Costa já expunha o estímulo que conferia às modernas concepções de arte em relação à atualidade política e social. Enfatizava duas posições, que a seu ver se denominam "diversionista" e "construtiva" (sem se remeter aos movimentos artísticos da época, mas sublinhando seu pensamento), e advertia que a "diversionista" poderia comprometer a paixão reivindicadora das massas, enquanto a "construtiva", ao contrário, seria a contribuição para o equilíbrio coletivo e o bem-estar individual.

Esse pensamento já confluía com o do artista construtivista russo Eliezer Mikhailovitch Lissitsky

(1890-1941), um dos propagadores do movimento construtivista na Europa ocidental, nos anos 1930. El Lissitsky, como era conhecido, afirmava que "cada trabalho organizado é um objeto, feito para uma finalidade que é calculada não para desviar o povo da vida, mas para exortá-lo a dar a sua contribuição para a organização da vida – organização e construção", com a finalidade de reduzir desigualdades pela estandardização e melhorar a vida de todos e o funcionamento da sociedade.

Lúcio Costa também sustentava a qualidade plástica da arquitetura, que, em ordenação e expressão, se revelaria como arte plástica, devido ao sentimento individual do arquiteto (afirmado pela sua formação como artista). Para a escolha da forma plástica apropriada a cada pormenor, em função da unidade última da obra idealizada, visava-se à obtenção de formas livres ou geométricas ideais, baseadas em conceitos formais estáticos ou dinâmicos.

Tratando de amplas categorias formais e orgânicas, apoiado nas ciências, Lúcio Costa definia um espaço-tempo baseado na plasticidade, que passou a aplicar em seus projetos, trazendo elementos formais tanto de um vocabulário geométrico quanto de uma sintaxe brasileira, a partir justamente de seu amplo conhecimento da arquitetura colonial e das subseqüentes em prática no Brasil.

Também Jorge Romero Brest (1905-88), crítico de arte e professor argentino, em conferência no

Brasil, em 1948, manifestou-se pela formação plástica do arquiteto, remetendo-a a "uma conjuntura real e efetiva entre a pintura, a escultura e a arquitetura", sintonizando-a com aquilo que Costa denominou de "comunhão das artes". Ambos, Costa e Brest, expressaram a tendência da arte engajada com a linguagem e a técnica, que já vinha sendo demonstrada no trabalho arquitetônico que vários arquitetos brasileiros, entre eles o próprio Lúcio, realizavam desde os anos 1930.

Imagem-idéia, imagem-objeto: o início deste texto se refere a esses conceitos aplicados à capital e a seu plano piloto. Trata-se de proposições já feitas pelo artista suíço Max Bill (1908-94) no *Manifesto da arte concreta*, de 1936, que se tornaram quase dogmáticas para a expansão das idéias contidas na linhagem construtivista do século XX.

Impotente para desembaraçar (mesmo com pente grosso...) os fios que o passado (e seu legado) continua a embaraçar até o presente, as propostas dessa complexa vertente construtiva – natureza de uma ideologia que se inicia no século XIX, à qual várias vanguardas do século XX corresponderam – são necessárias para pensar, ler e entender a pertinência e a ordem de conseqüência dessa cidade pensada: Brasília, a obra-símbolo o que culminou em representar a nova conjuntura da moderna arquitetura latino-americana e sua articulação com a política e as instituições.

De dois eixos, dois universos que se opõem e se complementam, da Europa à América Latina, da América Latina à Europa, pontes de interação foram fabricadas, rompidas e novamente fabricadas, em um movimento contínuo, dialógico. Desse entroncamento, concreto ou fluido, desfeito ou mantido, avançado ou recuado, contextualizaram-se Brasília, Brasil e o projeto construtivo na arte brasileira.

É importante ressaltar que foi pelo viés de concepções urbanísticas e arquitetônicas, movidas pela vontade política em cada período, que um mundo novo se delineou em algumas capitais latino-americanas a partir dos anos 1930 e 40. Na Cidade do México, em Buenos Aires, Caracas e no Rio de Janeiro, por exemplo, uma arquitetura moderna foi edificada, integrando-se aos conjuntos urbanos existentes.

Ainda no século XIX, no Brasil, a construção de Belo Horizonte dava mostras de um projeto de concepção urbanística e arquitetônica integral, que mudava não só geograficamente a capital de Minas Gerais, mas também os princípios do caminho da modernidade em curso na vida brasileira. Era a transferência da capital de Ouro Preto, cidade colonial de formação urbana espontânea, para uma cidade planejada, que traduzia profundas transformações. Da mesma maneira, nos anos 1930, Atílio Correa Lima (1901-43) desenhou Goiânia, a nova capital de Goiás, com um traçado urbanístico de reinterpretação da Étoile, edificado com arquitetura de retas e curvas da art déco. Ambas as iniciativas demonstram o engajamento e a vontade política, esparsas, com a modernidade incipiente no país, construindo o moderno no interior de uma estrutura arcaica.

Em Caracas, Carlos Raúl Villanueva (1900-75) estabeleceu uma nova linguagem por meio de projetos urbanísticos e arquitetônicos que ali inauguraram o ideário moderno, com propostas transformadoras da arte e da sociedade, integrando obras de alguns artistas de linhagem construtivista, tais como o russo Antoine Pevsner (1886-1962), o franco-alemão Jean Arp (1887-1966) e o norte-americano Alexander Calder (1898-1976). Foi o caso, por exemplo, da Cidade Universitária. Quanto ao Centro Cívico de Caracas, ele poderia ser considerado uma espécie de "pré-Brasília", especialmente se observada sua série de edifícios simétricos e praças monumentais na revalorização da cidade antiga.

Novas cidades e novos conceitos irrompiam agora em cidades tradicionais, introduzindo nelas aspectos originais.

É no Rio de Janeiro que essa tendência se manifestará mais fortemente. A construção do edifício do Ministério da Educação, projetado por Lúcio Costa, com consultoria de Le Corbusier (1887-1965), introduziu a teorização da arquitetura moderna no Brasil.

A "poética e construção", ou "espiritual e construção", que Le Corbusier disseminava, pretendia ressaltar valores tradicionais do humano na modernidade, explicitando a arquitetura como obra de arte e organismo vivo para um mundo sensível. Esses princípios obtiveram repercussão sobretudo com Lúcio Costa e arquitetos formados com ele, como Oscar Niemeyer (1907) e Affonso Reidy (1904-64), nos anos 1930/40. Nessa identificação de princípios teóricos, Le Corbusier e Lúcio Costa desenvolveram projetos como o da Casa do Brasil, na Cidade Universitária Internacional, em Paris.

Em São Paulo, no impulso instaurado pelo movimento modernista brasileiro, trabalhado especialmente por Gregori Warchavchik ou mesmo Flávio de Carvalho, constrói-se também uma nova arquitetura, que integra as artes.

Percebemos então que o discurso teórico e a recuperação dessas obras tornaram-se fatores decisivos para transformar a configuração das cidades no continente, como conseqüência de uma hora de desenvolvimento econômico e social. Esse impulso propiciou a emergência de idéias sobre projetos de nações calcados em uma dimensão utópica – já que é esse o elemento fundante da arte construtiva, no amplo espectro das propostas das vanguardas históricas do século XX. Engendram-se aí as bases para a elaboração de um novo programa para a arte, que revolucione e instaure um modo diferente de ver e de viver, aproximando a arte da vida.

Um mundo de trocas

A nova arquitetura brasileira saía do papel e se implantava no interior das cidades já existentes ou aparecia por meio de projetos urbanísticos e arquitetônicos completos.

Nessa dinâmica de inovação, uma grande via de conexões internacionais e um esforço de respostas que fizesse parte desse afluxo de idéias foram sendo elaborados a partir tanto de artistas e arquitetos sul-americanos que retornavam da Europa quanto pela circulação de artistas e arquitetos europeus que aqui se introduziam.

A exemplo do que acontecera anteriormente com Romero Brest, a estada no Brasil e na Argentina do vencedor da Bienal de São Paulo de 1951, o artista suíço Max Bill, co-fundador do Instituto de Design de Ulm, havia provocado um terremoto de importantes conseqüências nos meios artístico e intelectual.

Em entrevista no ano de 1953, Max Bill fez contundentes críticas à arquitetura moderna brasileira, em especial ao edifício do Ministério da Educação, ao qual, segundo ele, faltam "sentido e proporção humana" e que "é construído sobre pilotis", em vez de pátio interno. Seu comentário também era contrário ao muro de azulejos – que tem a função de excluir a parede, integrando-a ao espaço através do painel – e sugere, explicitando seu conceito de autonomia, que seria melhor que deixassem o espaço livre para colocar quadros na parede.

Condenou o "barroquismo excessivo, que não pertence nem à escultura nem à arquitetura" da Pampulha. Celebrou o prédio Pedregulho, por se tratar de habitação popular, e condenou o Parque Guinle, pois acreditava ser "um erro construírem-se somente edifícios luxuosos, quando existe o problema de habitação popular". A crítica de Max Bill incomodava, especialmente porque, na época, a arquitetura brasileira já tinha a pretensão de ter obtido reconhecimento internacional e já fora exposta no Moma de Nova York, em 1943. Houvera também a edição do livro *Brazil Builds*.

Lúcio Costa, em resposta a Max Bill, concordou com algumas das críticas sociais, mas ressaltou o que considerou serem idéias preconcebidas de Bill, afirmando que ele, conterrâneo de Le Corbusier, não era, entretanto, arquiteto, pintor nem escultor, mas um "delineador de formas (designer)", procurando harmonias formais abstratas, geometricamente criadas pelo seu raciocínio, sua inspiração.

Para Costa, não seria função da arte a concretização de harmonias, mas, sim a "criação de formas significativas em função de uma determinada intenção, interessada ou gratuita, e através das quais a nossa paixão humana se manifeste". Sua discordância maior com Max Bill estava relacionada à "contenção das artes plásticas no mundo atual dentro dos exíguos limites de uma senda batizada a priori". Foi adiante e questionou a pintura quanto à sua resignação às "belas e variadíssimas harmonias de um sábio grafismo colorido". Por fim, o arquiteto retornou à sua proposta de integração das artes, levando em conta a participação do artista plástico ao lado do arquiteto, ou o arquiteto-artista propriamente.

As críticas, entretanto, tinham certo peso. Sustentado pelas teorias do artista e arquiteto holandês Theo van Doesburg (1883-1931), Max Bill, já em 1936, estabelecera a arte concreta como "autônoma ... pura expressão de medida e de leis harmoniosas ..., que agencia sistemas e dá vida a esses agenciamentos pelos meios de que a arte dispõe ..., cultiva o particular, rejeita a individualidade, mas em benefício do indivíduo". Na Bienal de 1953, a obra de Max Bill, a *Unidade tripartida* – uma escultura em aço inoxidável que espacializava o contínuo da matéria, espaço, tempo e movimento, elevados ao infinito, pela representação da fita de Moebius –, fora marcante. Proporcionava ao olhar um ilimitado percurso pelo dentro e fora, avesso e direito, cheio e vazio. Era inovadora.

Tratando-se de dois teóricos contemporâneos, o debate que se travou entre Lúcio Costa e Max Bill não deixou de trazer conseqüências em termos do contexto artístico brasileiro. Ainda que separados por nuances, aproximam-se em torno de uma mesma visão: a indústria, as novas tecnologias e as ciências, o privilégio do abstrato e a recusa do ornamento. Vejamos!

De onde se brota

Os problemas explicitados por Paul Cézanne (1883-1931) sobre o plano, a percepção e a representação, que inicia a quebra da unicidade homem/objeto, foram retrabalhados e recolocados pelo cubofuturismo, de onde o Construtivismo se conjugou.

Na Rússia, com Kazimir Malevitch (1878-1935), os irmãos Naum Gabo (1890-1977) e Antoine Pevsner, Mikhailovitch Lissitsky, Vladimir Tatlin (1885-1953), Aleksandr Rodchenko (1891-1956) e tantos outros, apareciam os suprematistas e os construtivistas. Em uma situação revolucionária, a de 1917, e na utópica constituição de um Estado socialista, os artistas se propuseram à construção de uma nova arte que, pela educação, teria participação ativa em uma nova sociedade.

Antes vista pela Europa ocidental como sinônimo de atraso, a Rússia se modificara com a Revolução Socialista de Outubro de 1917, e os olhares do Ocidente a ela se dirigem com intensidade, pelo menos nos dez anos seguintes. Havia lá também uma revolução estética, fundamental na teoria e no plano das formas.

Quadrado negro sobre fundo branco, trabalho de Kazimir Malevitch datado de 1913, havia eliminado qualquer representação e expunha a pintura como tal, na bidimensionalidade. Os *Contra-relevos* de Tatlin, esculturas que são construções sem pedestal, suspensas em ângulos da parede, suscitam uma outra espacialidade por meio da recusa ao volume da massa, trazendo assim um vazio expressivo. Já as especulações cinéticas de Gabo, de 1920, e o uso de novas técnicas baseadas em materiais tecnológicos, a serviço da ideologia revolucionária, são todas proposições que irão repercutir, intermitentemente, ao longo do século, em movimentos artísticos que exploram esse legado.

A partir dessa herança, fica claro que a construção do objeto se identifica de imediato com uma geometria legível e que se relaciona com os modelos matemáticos, demonstrando explicitamente que a obra é primeiramente uma construção mental, derivada de uma idéia e de um conceito de que esse movimento tratará. Os artistas que participaram desse grupo sonhavam em se comunicar com as massas. Eram essencialmente pedagogos e teóricos, movidos pela necessidade de fazer a alfabetização plástica do povo, agindo no social.

O *Manifesto realista*, escrito por Naum Gabo e seu irmão Antoine Pevsner, acabou se tornando o *Manifesto construtivista* e foi, com seu programa ideológico e poético, afixado em muros e panfletado pelas ruas de Moscou, em 1920. Formou-se, então, uma controvérsia entre construtivistas-utilitários, ou produtivistas, e construtivistas-estetas – ou seja, entre a arte como ponto de partida e a arte como finalidade em si própria. De todo modo, naquele período o Construtivismo apontava para a integração de todas as artes em uma única, a saber, a da "construção".

Uma outra vertente do pensamento de vanguarda buscava a "coisa mental" ou "espiritual na arte" (em um ponto eqüidistante da matemática), uma outra linguagem universal, um esperanto da pintura. Esse era o ideal do também russo Wassily Kandinsky (1866-1944) ou, mesmo seguindo em outra direção, mas buscando resultado análogo, o que se via nos *ready-made* de Marcel Duchamp (1887-1969).

Já os russos seguiam agora em frente, emigrando em direção à Europa ocidental, onde trabalhariam no sentido de que suas idéias pudessem permanecer. El Lissitsky se torna um dos propagadores do Construtivismo no Ocidente, num movimento de revitalização das propostas teóricas e de debates, formando a Facção Internacional dos Construtivistas, proclamando que cada trabalho obedece a um plano, a regras definidas pelo material e não pela subjetividade, e concluindo que arte é, exatamente como a ciência e a tecnologia, um método de trabalho aplicável a toda a vida.

Naum Gabo, que no final dos anos 1930 se encontra estabelecido em Londres, foi consolidando a internacionalização do Construtivismo. Atuou e publicou com artistas e arquitetos ingleses e, na prática, institucionalizou a geometria abstrata, oferecendo uma espécie de último suspiro às utopias que caracterizaram as vanguardas históricas dos anos 1920.

Laszlo Moholy-Nagy, que também estava em Londres naquele período, foi para Chicago dirigir a experiência norte-americana da Bauhaus. Joseph Albers se transferiu para o Black Mountain College e recriou o espírito da escola construtivista. Não por acaso, a América do Norte propõe a Art Minimal pouco depois do Concretismo sul-americano.

De forma paralela às pesquisas empreendidas pelas vanguardas russas, Piet Mondrian (1878-1935) havia deslocado a concepção central da pintura para um novo espaço fundado em forças centrífugas e centrípetas. Assim, produziu um sistema coerente de equilíbrio assimétrico – por ele denominado estático e dinâmico –, transformando o plano com a utilização de retas horizontais e verticais e de cor primária.

A obra de Piet Mondrian e seus escritos teóricos contribuíram para a elaboração do Neoplasticismo, ou De Stijl, nome também da revista do movimento. Mondrian, Theo van Doesburg e outros expunham agora os princípios generativos que poderiam ser aplicados em todas as artes, sem lhes comprometer a autonomia. Esses princípios geradores do Neoplasticismo eram entendidos como a especificação de cada linguagem com os componentes e a redução deles a poucos elementos irredutíveis. Tais elementos seriam trabalhados ao mesmo tempo, sem hierarquia, indivisíveis como um todo em integração. Esta permaneceria incompleta se não houvesse um denominador comum capaz de integrar o fora e o dentro:

seria necessário primeiro realizá-la em cada forma de arte, para depois juntar todas as formas, integrando-as em um universo mais amplo. Para o De Stijl, cada arte determina seus próprios elementos irredutíveis antes de se fundir com outras, especialmente em se tratando de arquitetura.

O De Stijl, por meio dos escritos de Mondrian e Van Doesburg, mostra a utopia que aproxima a arte, a vida e o ambiente. Trata da arquitetura e da música, o que não constituiu empecilho para que Mondrian produzisse suas pinturas como objetos isolados ou independentes. Desde sua obra, entretanto, grandes transformações invadiram o aspecto das cidades.

Ao mesmo tempo em que Malevitch também elaborava seus escritos teóricos, tanto ele como Mondrian se aproximaram em afinidades no campo místico, por meio da teosofia (enquanto Kandinsky e Le Corbusier se identificavam como espirituais ou transcendentais). Muitos desvios ocorreram a partir desses idealismos, que foram utilizados como alavancas ideológicas. Mas a intensa sensibilidade deles e as decisões que tomaram em relação à teoria da arte justificam qualquer apropriação.

Por mais contraditório que possa parecer, devido à racionalidade que teoricamente propunham, Malevitch e Mondrian pensavam em levar a teosofia ao extremo, às suas últimas conseqüências. Mondrian, por exemplo, afastando-se da representação da realidade, fala sobre a visão teosófica do cosmo, cujos ritmos fizeram o mundo.

A experiência do De Stijl foi importante na inovação que trouxe para a realização de um estilo coletivo e de integração da arte, mesmo que a idéia plástica tenha sido colocada em detrimento das preocupações funcionais ou construtivas. De fato, o De Stijl se tornou tanto um vocabulário de formas quanto uma proposta de ordem, rigor, equilíbrio, pureza.

As tensões da abstração na evocação de conceitos transcendentais como forma de compensação para significados absolutos – idealista ou materialista – não objetivam, puramente, fazer uma arte concreta ou real como objeto no mundo. A grade e a monocromia são elaboradas em função da dissolução de oposições da linha e da cor, do fundo e da figura, da forma e do conteúdo ou do tema e do quadro. Nesse sentido, Piet Mondrian criou a mais elaborada exploração da materialidade da pintura, abolindo essas oposições.

Theo van Doesburg acabará discordando da radicalidade do Neoplasticismo, tida por ele como "muito dogmática". Recusará o ritmo horizontal-vertical e o ângulo reto, entendendo que o formalismo de conjuntos homogêneos deveria ser substituído pela heterogeneidade da vida.

Em 1930, Van Doesburg publicou um texto sobre a arte concreta, no qual propõe a exclusão do lirismo, dramatismo e simbolismo na arte e sua construção baseada em elementos puramente plásticos, ou seja, plano e cores, onde as formas-natureza sejam substituídas pelas formas-arte, concebidas pelo espírito antes de sua execução. "Somente o pensamento (o intelecto) com uma velocidade sem dúvida superior à da luz cria." Essa é a sua idéia da arte concreta, enquanto a arte abstrata era apenas considerada por ele etapa inicial de pesquisa e especulação no processo artístico. Os rótulos de anti-humanista, antibarroco e anti-sentimental seriam apenas elementos que justificaram muitas bobagens em arte. Clareza e precisão ("se não se consegue traçar uma linha reta a mão livre, toma-se a régua") são colocadas como as bases de uma nova cultura.

Todas essas sistematizações que acabamos de ver irão desaguar na Staatliches Bauhaus (literalmente, "casa estatal de construção"), a mais famosa escola de design, artes plásticas e arquitetura do Modernismo, que funcionou na Alemanha entre 1919 e 1933. Lá, a busca de uma nova arte de viver começava pelo trabalho individual, que, integrado à equipe, se transformará em criação coletiva. Walter Gropius (1883-1963), seu fundador e diretor até 1928, manifesta-se pela arquitetura como finalidade de toda atividade criativa, cerca-se quase que exclusivamente de artistas plásticos e recorre ao artesanato.

Kandinsky e Paul Klee estão entre os artistas convidados e tiveram a oportunidade de ser os pedagogos das linguagens pictóricas que eles imaginavam. Assim como Malevitch e Mondrian, cada qual à sua maneira, quiseram colocar a pedra fundamental de uma linguagem que esperavam universal, muda por natureza, dizendo a todos o porquê de "tornar visível", de fazer falar o visual e a língua da pintura pura.

Até então, a arte era um fim em si. Com a Bauhaus, dizia Victor Vasarely (1906-97), torna-se ponto de partida. A questão era a de formar artistas para a indústria, renovando o ambiente da vida cotidiana. Os protótipos originais, concebidos como obras de arte em si, se faziam existir, entretanto, independentemente da possibilidade de serem reproduzidos em procedimentos industriais. Combinações de materiais diversos, como fio, aço, vidro, madeira, couro e inúmeros outros, tinham regras baseadas em um racional conhecimento tátil e visual, conforme a didática que Johannes Itten (1888-1967) introduzia em seu curso preliminar. Itten foi substituído em 1923 por Lazlo Moholy-Nagy, que direcionou a pesquisa tecnológica a materiais com possibilidades industriais.

Desde que as vanguardas russas haviam sido banidas da União Soviética e acolhidas, em sua maioria, na Europa ocidental, houve uma convergência de artistas para a Bauhaus. El Lissitsky, que conheceu Theo van Doesburg e Moholy-Nagy, por exemplo, teve ampla recepção de suas teorias, principalmente das referentes à natureza construtivista do objeto. A posição de El Lissitsky era a de que tanto o objeto arquitetônico quanto o escultórico são construções mentais, com aparente ausência de peso e de resistência à gravidade, com dinamização da massa. Também os russos Antoine Pevsner e Naum Gabo, que, com suas formas desmaterializadas, baseadas em modelos matemáticos, reforçam o conceito de um espaço mental, tiveram forte repercussão na Bauhaus.

Le Corbusier será igualmente instado ao debate pelo arquiteto Walter Gropius. Ele enviará fotos de seus projetos e notas de seus planos urbanísticos. A Bauhaus será motivada pela consciência de que uma revolução se produziria nas artes visuais e no pensamento plástico, pois a racionalização do sistema de formas resultaria em uma renovação da visão, remetendo-se às mudanças econômicas, sociais e psicológicas do pós-guerra. A forma acompanha a função, o protótipo será fabricado em série, e a aliança assim se constitui entre a arte e a indústria, provocando mudanças radicais no hábitat humano.

Para a arquitetura, formação última da Bauhaus, Gropius firmou a necessidade que o arquiteto tinha de perceber a cidade para planificá-la, impondo a fórmula do "simples multiplicado"; elementos que deveriam ser reproduzidos em série, reunindo todos os criadores, do simples artesão ao máximo artista.

Arquitetos colaborativos, exortação do trabalho em equipe, projetos urbanísticos, móveis, gráfica, objetos utilitários, luminárias, teatro, figurino – enfim, todos os ramos da produção artística, tendo o artesão e o artista como aliados na formação de estudantes da Bauhaus, tinham essa missão de tudo revolucionar.

Max Bill, um dos membros ativos, criou móveis e objetos utilitários ousados. Considerava que a forma útil deveria ser, antes de tudo, bela em si mesma. Operava modelos das ciências exatas do espaço para ter, na arte, um instrumento de investigação para o conhecimento; o domínio da matéria com conceitos da forma.

Depois do fechamento da Bauhaus pelos nazistas, em 1933, Max Bill, que recebera influência de Mondrian e do Neoplasticismo, seria o primeiro reitor da Escola Superior de Design de Ulm, dando continuidade às teorias funcionalistas, sustentadas na estética industrial e na relação da arte com conceitos científicos. Em 1936, Bill havia retomado as idéias de Van Doesburg sobre a arte concreta e escreveu, em um catálogo suíço, sua definição de arte: autônoma, criada "com técnica e leis que lhe são próprias, sem se apoiar na natureza sensível ou na transformação desta, isto é, sem intervenção de um processo de abstração". Específicas, tanto a pintura quanto a escultura concretas deveriam dar forma a "realizações que permitem a percepção visual", cujos meios são as cores, o espaço, a luz e o movimento, criando novas realidades que expressem "medidas e leis harmoniosas", baseadas em idéias abstratas que se tornam visíveis sob formas concretas.

As composições aritméticas de Van Doesburg demonstravam a Max Bill a possibilidade de transformar uma simples oposição em estruturas dedutivas, determinando o lugar de cada elemento. Um único fator de subjetividade resiste em suas propostas: o da cor, que não poderia ser quantificada, mas poderia gerar aproximações de limites e não-limites.

Max Bill (re)afirma a sua realidade, sustentada no intelecto. Antinaturalista, mas próximo da natureza, rejeitou a individualidade em benefício do indivíduo. Seguia o paradigma que alimentou tanto o Construtivismo quanto a sua internacionalização, criando um outro caminho para artistas que, por um lado, não seguiriam mais o Pós-cubismo e, por outro, tinham dificuldades em desenvolver, sobretudo, as propostas de Mondrian.

Anos mais tarde das agitadas décadas de 1920 e 30, é que o Novo Continente deixará ver ao Velho Continente que ele agora também enuncia instigantes relações espaço-temporais.

Os eixos ganham novos movimentos

Na expectativa de inserir o pensamento teórico e a prática artística européia dessa vertente de manifestações construtivas e concretas em uma posição assimétrica espaço-temporal, podemos perceber, mais claramente, as suas repercussões na América do Sul, onde, pelas obras desenvolvidas nos anos 1930 e 40 por dois importantes artistas – o catalão-uruguaio

Joaquín Torres-García (1874-1949) e o argentino Emilio Pettoruti (1892-1971) –, já se preparava o solo para essa recepção.

Na Argentina, onde já se esboçava uma tendência concreta, essas teorias se infiltraram, estimuladas por Tomás Maldonado (1922), em meio a um grupo de artistas que forma o movimento Arte Concreta-Invenção. Essa foi a base de uma rigorosa sistematização matemática na arte, que deu origem a ramificações e cisões, como a provocada pelo ítalo-argentino Lucio Fontana (1899-1968) e a do Grupo Madí, que seguem experiências diferentes.

Os Madí proclamam – em manifesto de 1946, liderados por Carmelo Arden Quin (1913) e incluindo Gyula Kosice (1924), Martín Blaszko (1920), Diyi Laañ (1927) e Esteban Eitler – o desejo confirmado do homem de inventar objetos em que o instinto e a intuição entrariam contra a reflexão, a consciência e a experiência. "Ao lado da humanidade lutando por uma sociedade sem classes, que libera a energia e domina o espaço e o tempo em todos os sentidos e a matéria em suas últimas conseqüências."

No início, alinhado com as obras, ideais e textos de Moholy-Nagy, principalmente nas questões concernentes à experimentação visual e à idéia pedagógica de formação total, o Grupo Madí, como outros que não se aliaram às correntes axiais da história do Modernismo, tornou-se vítima do esquecimento; apesar de ter sido precursor da Arte Op e Cinética, não foi considerado "sério" à época de sua exposição em Paris, em 1948.

Retomando a palestra realizada em São Paulo, naquele mesmo ano, por Jorge Romero Brest, notamos que ele foi o primeiro a destacar a emoção intelectual do Abstracionismo, exaltada pela força expressiva da matemática, afirmando a autonomia da arte na interseção com a física, além da própria matemática, reconstruindo uma noção de infinito na conquista do espaço. Para Brest, a arquitetura, que maneja a arte do espaço real, "é a grande arte de nosso século".

O argentino antevia o desaparecimento do muro como tendência da arquitetura moderna e descartou também a pintura a cavalete, suplantada, dizia, pela escultura, que trabalha o espaço e não a sua expressividade. Apontava a conjugação entre a pintura, a escultura e a arquitetura e estabelecia uma fronteira entre o que denomina de românticos, que "abusam da sensibilidade", e abstracionistas, que "a dominam". Romero Brest se refere aí a Max Bill e ao sentido estético que ele confere à poética geométrica.

Num artigo publicado em Buenos Aires, em 1950, Max Bill encontra recepção e reconhecimento de conseqüências importantes para os movimentos artísticos que serão criados no continente. A tendência dogmática do Modernismo ocidental aí se manifesta, afastando-se das reinterpretações de uma retaguarda periférica e aproximando-se dos grandes centros do Modernismo de linhagem construtiva.

No Brasil, o impacto das propostas de Max Bill se fez sentir principalmente no que se refere à experimentalização do artista, ao seu domínio sobre os materiais industriais, à sua arte geométrica não-euclidiana e à morfologia topológica, antinaturalista, gerada por sistemas matemáticos para a sua concreção. Uma arte universal, expressando-se sem rodeios, poderá ser sentida também sem rodeios, diretamente. É o que é.

No restrito ambiente artístico brasileiro – entendendo-se São Paulo e Rio de Janeiro, este tendo abrigado, em 1948, uma exposição do norte-americano Alexander Calder, que nos anos 1950 criou um projeto de escultura para a praça dos Três Poderes, parte da Brasília não realizada –, esses conceitos caem como uma bomba, capaz de implodir o ritmo lento do Modernismo já clássico e saturado da arte nacional.

Portanto, principalmente desde a exposição retrospectiva de Max Bill no Museu de Arte de São Paulo, em 1950, e do prêmio a ele conferido na Bienal Internacional de São Paulo no ano seguinte, palestras e artigos dele próprio e de Romero Brest sobre o anti-romantismo e anti-subjetivismo, para uma arte matematicamente calculada que desenvolve uma idéia definida e exposta, onde o arbitrário não tem vez, passam a circular entre um pequeno grupo de artistas e intelectuais.

As fronteiras da criação se alargam, mudando o curso da história da arte na América do Sul, que se insere no Abstracionismo Geométrico internacional. A razão nas composições equilibradas de partes geométricas constituiria uma unidade metafórica da futura utopia da harmonia social.

Vários artistas plásticos paulistas e cariocas – posteriormente às propostas concretistas dos europeus (anos 1930 e 40), dos argentinos, venezuelanos e chilenos (anos 1940 e 50), entre outros – instauraram, na teoria e na prática, um rompimento com as linguagens artísticas de seus contemporâneos. Desviaram a dicotomia abstração/figuração para abstrato/concreto e estabeleceram as bases para o projeto construtivo na arte brasileira. Era a vez deles, artistas plásticos e intelectuais, de ousar percorrer o caminho já trilhado pelos arquitetos.

Em 1956, o poeta Décio Pignatari (1927) incentivaria os artistas concretistas a um contato mais direto com a arquitetura, ressaltando que muitos deles eram arquitetos, e elaboraria um manifesto que denominou, não por acaso, de *Plano piloto para poesia concreta*.

Em torno do ítalo-brasileiro Waldemar Cordeiro (1925-73) juntaram-se artistas impulsionados pelo desejo de inovação. Um grupo formado pelo austríaco Lothar Charoux (1912-87), o húngaro Kazmer Fejer (1922), os poloneses Leopoldo Haar (1910-54) e Anatol Wladislaw (1913-2004) e os brasileiros Luís Sacilotto (1924-2003) e Geraldo de Barros (1923) articulou, em 1952, a elaboração do *Manifesto Ruptura*.

Nele, o grupo expõe conceitos alinhados a uma prática artística antinaturalista e se refere ao esgotamento da tarefa histórica de princípios renascentistas. Reafirma as oposições entre o velho e o novo, conclama uma intuição artística baseada em princípios claros, confere à arte um lugar de conhecimento deduzível através de conceitos que exijam conhecimento prévio para seu juízo. Ortodoxia e rigor se instauram naquilo que é considerado como o recomeço espiritual e ético no Brasil, conforme afirmado pelo crítico Mário Pedrosa.

Em manifestos e artigos publicados na revista *Arquitetura e Decoração* nos anos 1950, o conceito de arte enquanto objeto é exposto como situação na "esfera da experiência direta", "forma de conhecimento [que] é mais sensibilidade e menos memória". Conclui-se daí por uma nova possibilidade para a educação artística, ampliando o campo da linguagem e da percepção ao nível do conhecimento humano.

As referências apresentadas dizem respeito diretamente a Mondrian e Malevitch, que, tendo esgotado as possibilidades do plano, apontaram uma nova dimensão: a do tempo como movimento, por meio da utilização das cores, primárias e complementares, que agiriam como contraste de vibração e que tornavam explícito o movimento.

Como Cézanne, que se denominava o primitivo de novos tempos, os concretistas propuseram, no *Manifesto Ruptura*, uma arte barroca de bidimensionalidade. A referência reforça a idéia evolucionista da arte, da busca de um elo perdido, que, nesse caso, se se tratasse de uma genealogia, poderia ser encontrado até nas culturas indígenas pré-cabralinas ou pré-colombianas. Tratava-se então de conclamar ao abandono da figuração, à renúncia de toda objetividade referencial, fosse ela descritiva ou narrativa da linguagem pictórica, provando uma objetividade sintática, sem cair no arbitrário ou na improvisação. Diga-se de passagem que o movimento Minimal nos Estados Unidos apoiou-se também nesses conceitos, mas, diferentemente dos concretistas, esse movimento voltou-se para as ciências da linguagem, em vez de para as ciências exatas.

Ao levantarem, como Max Bill, a defesa da aplicação do pensamento matemático, com vistas a ampliar, ao limite da exacerbação, a sensibilidade ótica, por meio do apoio visual, os concretistas acabaram por provocar em artistas cariocas um posicionamento antidogmático. Dentro de sistemas de pensamento, o valor da subversão se manifesta, conforme ocorreu na Argentina. Para esses, deveria haver lugar para a intuição e para a percepção fenomenológica. Constitui-se, então, com estratégia própria, o movimento neoconcreto, cindido com as proposições radicais do grupo paulista.

Em manifesto, no qual refutam a idéia de uma arte baseada em efeitos puramente óticos, os cariocas declaram as possibilidades criadoras do artista, independentemente das ciências e das ideologias. Vemos agora uma aproximação com os movimentos concretos argentinos, em suas junções e disjunções, continuidades e cisões. Era dada uma direção artística aberta a propostas mais experimentais, em um pertencimento fiel ao legado para reinterpretá-lo e reafirmá-lo ao infinito.

Essas idéias ganhariam maior repercussão internacional. Abrem-se as fronteiras para um intercâmbio de menor dependência dos grandes centros, principalmente no que concerne ao Neoconcretismo. Mas, assim como acontecera com os russos, inicialmente olhados com desconfiança pela Europa ocidental, os concretistas brasileiros já vinham conquistanto reconhecimento e acolhida, como no caso de Mary Vieira (1927-2001) e Almir Mavignier (1925), que se estabeleceram, respectivamente, na Suíça e na Alemanha, ambos ligados à escola de Ulm, ao lado de Max Bill e onde Mavignier se integrará profissionalmente.

Lygia Clark (1927-88), uma das signatárias do *Manifesto neoconcretista*, de 1959, experimenta seu "objetivo de fazer o espectador participar do espaço expresso, penetrando-o e sendo penetrado por ele". Vê menos a arte no sentido ótico mental, como querem os concretistas e como observaria o poeta Ferreira Gullar (1930), mas sente a arte de uma maneira também orgânica.

Em artigos publicados no *Jornal do Brasil*, é o mesmo Ferreira Gullar, ele próprio um neoconcretista, quem faz importantes reflexões a respeito dos dois movimentos. Gullar refaz o percurso do movimento construtivista: assinala a importância do De Stijl, tendência que se utiliza da expressão estética objetiva e crítica, e da Bauhaus, tendência ligada aos meios de produção. A Arte Concreta teria, diz ele, esvaziado o sentido dessas correntes, ao reunir as questões da linguagem da pintura, tão importantes para a primeira, e o experimentalismo com visão social da arte, essencial para a segunda.

Ferreira Gullar elabora o *Manifesto da teoria do não-objeto*, no qual desenvolve a questão da síntese na condensação de experiências sensoriais e mentais transparentes à percepção fenomenológica, ao contrário do objeto, que se "esgotaria na referência de uso e sentido". O movimento neoconcreto assumiria essa postura e, tomando Mondrian e Malevitch como referência, rearticularia os problemas levantados por eles, eliminando a *representação* e colocando a questão da *apresentação*.

Segundo Mário Pedrosa, o Neoconcretismo seria a pré-história da arte brasileira em razão da busca de elementos específicos, ou seja, os da pintura (plano, forma, cor, espaço), os da escultura (espaço modulado, dimensões, dinâmica) e mesmo os da arquitetura (espaço com qualidade plástica).

Temas ligados à integração com a arquitetura, caros ao De Stijl, foram utilizados por alguns artistas, como a própria Lygia Clark. Ela procurava dar demonstrações claras da idéia de penetrar ao ampliar os conceitos de espaço, tempo e movimento, e apresentava um sentido novo de monumentalidade em seus espaços modulados. Clark posteriormente acabaria por estender sua experiência aos limites do corpo e da mente, em trabalho fronteiriço entre psicanálise, antropologia e ação. Designou esse movimento primeiramente de nostalgia do corpo, avançando depois para a fantasmática do corpo, em cursos proferidos na Universidade da Sorbonne, em Paris, após romper com o trabalho em artes plásticas, nos anos 1970.

Evolucionistas e elementaristas, o Concretismo na América do Sul e o Neoconcretismo brasileiro inseriram-se no contexto da Internacional Construtivista, especialmente na elaboração de conceitos que alicerçaram os fundamentos da linguagem plástica.

A importância de se forjarem uma gramática e uma sintaxe construtiva teve repercussões em vários outros campos da linguagem artística e na educação do olhar, assimilados nas artes gráficas – como é o caso da diagramação do *Jornal do Brasil*, feita pelo neoconcretista Amilcar de Castro (1920-2002) entre 1957 e 1961 –, na movelaria, na arquitetura de interiores e em outros campos.

A construção do objeto análogo a uma geometria legível e imediata, a clareza nos modelos matemáticos para uma construção mental, racional e objetiva, concretizada pelo uso de materiais tecnológicos, foram detonadores de posturas experimentais do Neoconcretismo, em detrimento da rigidez recorrente das propostas concretistas. O valor desses movimentos, das obras dos artistas que os integraram e suas próprias reputações foi formulado entre articulações que envolvem instituições e mercado. De fato, é nessa interseção que se determinam tanto os valores econômicos quanto os simbólicos.

Isso posto, é a Mário Pedrosa que remetemos, quando ele evoca a moderna arquitetura brasileira dos anos 1930 para especificar sua teoria quanto ao início da renovação das atividades artísticas, sociais e culturais do país. Para ele, a disciplinada submissão de um grupo de arquitetos cariocas aos rigores da gramática e da sintaxe e o entendimento das teorias de Le Corbusier, adicionadas às teorias funcionalistas, constituíram atitudes fundamentais para a formação da "verdadeira arquitetura brasileira". Com traços do "estilo internacional" e "características regionais brasileiras, profundamente significativas e marcantes", essa arquitetura teria criado uma "atmosfera espiritual brasileira e internacional", um fator considerado decisivo pelo crítico para a repercussão por ela obtida mundo afora.

De modo semelhante, a maneira lenta e rigorosa da assimilação de novos elementos introduzidos teria permitido que os primeiros seguidores do Concretismo tivessem passado por um momento inicial de quase sectarismo para depois, em uma segunda etapa, integrar os conceitos a seu próprio vernáculo, permitindo sua adaptação a formas mais genuínas.

A prática de assimilação de conceitos teria uma certa tradição no Brasil. Viria já do período colonial barroco, passando, durante o reinado do século XIX, pelo império neoclássico e por alguns movimentos modernos. Por fim, em meados do século XX, atigiu o construtivo funcionalista.

Pedrosa postula que artistas e arquitetos brasileiros do século XX souberam interpretar e transformar aquilo que vinha de fora, projetando essa arquitetura à vanguarda arquitetônica internacional. Entretanto, para permanecer vanguarda, dizia ele, a tarefa própria aos arquitetos e artistas brasileiros seria a sedimentação dessas formas que viriam a ser sustentadas pela regionalização. Seria esse pensamento uma forma de antecipação de questões tais como global-local?

Brasília, para o crítico, seria o espaço e o lugar para fazer desabrochar essa cultura regional de linguagem internacional. É nela, em Brasília, que "os homens de todos os quadrantes e horizontes se entenderão, na fraterna e existencial intercomunicação que só a arquitetura, a arte, pode dar", pela sua função de síntese, dizia Pedrosa, trazendo à tona a utopia da internacionalização.

Essa síntese, essa nova cidade, estaria na fusão daquilo que a arte de vanguarda do século XX propôs: proclamação de autonomia dos elementos fundantes das linguagens artísticas em integração estética e ética. Na arte autônoma e nos fundamentos vitais, no experimento artístico e no vínculo social renovado, houve uma adesão a um grande projeto construtivo.

A trajetória errante da arte construtiva internacional no continente e especialmente no Brasil deixou um legado que, em seus traços simbólicos, garantiu a sua historicidade e transmissão. Necessário é ser-lhe fiel, aceitá-lo e por ele responder, para transmiti-lo. A concepção plástica de um mundo fantástico que a tecnologia e as ciências modernas propunham, seria esse o ponto de partida para uma revolução da sensibilidade? É com o olhar e sentidos renovados que se compreendem as transformações para poder superá-las. Pensar uma cidade-capital, atribuindo às suas funções vida e arte, transformou-se numa espécie de feito único da arte.

A cidade

Na proposta de Lúcio Costa, o conceito de escala é um dos mais importantes para a configuração e adequação humana do plano piloto de Brasília; entre outros, a utilização de planos e plataformas. A estrutura da cidade consiste em três planos interligados: o eixo monumental (leste-oeste), o eixo rodoviário residencial (norte-sul) e a plataforma situada no cruzamento de ambos. Esta é responsável pela manutenção da horizontalidade, para que o centro urbano se defina no cruzamento dos dois eixos existentes (norte-sul;

leste-oeste). Esses eixos são contornados por árvores que, por sua massa e dimensão, garantem a ligação da escala residencial com a escala monumental.

Em seu trabalho de concepção do plano piloto, Lúcio Costa desenvolveu uma escala de percepções estéticas repleta de referências sobre os traçados de cidades mediterrâneas, assim como Paris, Roma, Florença e Rio de Janeiro. Além disso, sua orientação urbanística foi baseada em equações matemáticas e aplicações geométricas, em função do humano, para conceber quatro escalas diferentes para a capital.

A primeira escala empregada é a monumental, compreendendo o eixo monumental, a parte administrativa e a parte coletiva da cidade. Abrange desde a praça dos Três Poderes, em terreno triangular, e a Esplanada dos Ministérios até o Centro Cultural, prosseguindo pela grande plataforma de cruzamento dos dois eixos até a Torre de Televisão. Mais adiante, em perspectiva, o Centro Administrativo do Distrito Federal.

A segunda escala é denominada de gregária ou concentrada. Consiste em um espaço propício aos agrupamentos, contíguos à plataforma de cruzamento, com vias estreitas e aparelhamentos urbanos, enfatizando a área cultural.

Já a terceira das escalas é a residencial ou cotidiana. Situa-se ao longo do eixo rodoviário e é constituída por superquadras que se encadeiam umas às outras, dando lugar ao encontro e ao convívio. Há, aí, para os prédios coletivos residenciais, a obrigatoriedade de pilotis e do gabarito máximo de seis pavimentos; cortinas verdes, com árvores de grandes copas, por um lado, e setor comercial local por outro; áreas para clubes, igrejas e escolas, que definem espacialmente cada quadra.

Uma escala bucólica se estende ao longo do lago artificial do Paranoá. Costa partiu do princípio de impedir a construção próxima à orla para permitir seu uso generalizado pela população. Os espaços verdes e as extensas áreas nativas de reserva do cerrado, presentes em toda a extensão do plano piloto, ressaltariam seu aspecto de "cidade-parque", ao mesmo tempo em que possibilitariam um maior congraçamento da população com a natureza.

A partir dessa concepção mais geral, abriu-se um imenso canteiro de obras, para o qual o arquiteto Oscar Niemeyer foi (re)instado a criar palácios e edifícios.

A arquitetura-arte se torna, assim, partícipe da construção de um mundo novo. Construir com as exigências de ordem, equilíbrio, composição, harmonia e simetria, coerência e beleza, definidas por modelos formais e experimentais que manifestem a estrutura a que podem ser submetidas todas as transformações e variações possíveis, é o que Oscar Niemeyer, com sua experiência inovadora, ao lado do engenheiro Joaquim Cardozo (1897-1978), gênio do cálculo e poeta, saberão inventar, estetizando a vida, permitindo que a arte penetre no corpo social.

A concepção arquitetônica dos elementos utilizados nas edificações inaugurais tornar-se-á matriz, relacionando-se com elementos artísticos integrados por ideais das vanguardas construtivas do século XX. O tratamento do espaço pela arte e pela arquitetura permitirá a visibilidade da conjunção de ambos os campos. Em Brasília, onde há conjugação e cruzamento desses dois modos de pensar, arte e arquitetura, as ressonâncias entre uma e outra terão consistência plena.

O Palácio da Alvorada, residência presidencial que começou a ser construída antes mesmo da definição do projeto urbanístico de Brasília, e o Brasília Palace Hotel espelham bem a dimensão arquitetura-arte: para as duas construções, Oscar Niemeyer inventou signos arquitetônicos que serão combinados e recombinados ao longo da edificação da cidade e cujo sentido será conferido em relação ao todo.

O Alvorada, localizado ao fundo de um imenso gramado, faz emergirem um retângulo e uma pequena espiral de arquitetura escultórica, unidas na horizontal. Linhas retas e curvas anunciam uma colunata assimétrica, que se estende ritmada ao longo das fachadas frontal e posterior, reverberando no espelho d'água.

Levemente erguida do solo, a base é sustentada pelas colunas que nele pousam, exteriorizando a monumentalidade e a suntuosidade elegantes, que conferem dignidade e, ao mesmo tempo, leveza ao palácio. A coluna, uma espécie de amplo semi-arco invertido, cujo vértice se fixa com leveza no solo, suporta a laje saliente que forma o alpendre da parte externa da "caixa de vidro".

Nas proximidades do Palácio da Alvorada, e complementarmente, ergueu-se o Brasília Palace Hotel. Hoje parcialmente destruído, o hotel apresentava uma volumetria retangular sobre pilotis, configurando uma das principais premissas dos conceitos criados pelo arquiteto para futuras construções.

Esse conjunto arquitetônico inaugural, tornado referência para os outros palácios, assim como para as edificações do eixo monumental e do eixo rodoviário, pode ser pensado pela aparente simplicidade formal. Ou seja, a volumetria ortogonal, a elevação da base, a colunata, a assimetria, a transparência, o elevamento do solo, o recuo da fachada em relação à colunata ou arcada, a leveza e a luminosidade são constantes.

Niemeyer retoma ainda alguns conceitos pictóricos de Malevitch e de Mondrian, especialmente no que se refere à monocromia e à grade. O rigor composição-construção de Moholy-Nagy também faz parte dos fundamentos da linguagem do arquiteto.

Todos esses elementos terão valor de modelo de operação, exalando uma economia rigorosa e sistemática para que, se houver alguma modificação em qualquer uma de suas partes, ela repercuta de acordo com um encadeamento previsível e lógico na organização dos conjuntos arquitetônicos. Essa arquitetura se diferencia e deixa transparecer o campo de sua especificidade. Niemeyer constrói totalidades sintéticas, o que não significa uma subtração ou simplificação. Sua arquitetura possui uma aparente simplicidade, mas guarda uma complexidade nova e densa, traduzindo a concreção poética da modernidade, assimilada, transformada e transmitida pelo arquiteto, que sustenta que a forma é a função. Para o arquiteto, o uso do concreto sugere formas suaves e contrastes pela modulação contínua do espaço e se opõe à uniformização de sistemas repetitivos do funcionalismo internacional.

Em termos de conjunto arquitetônico, quatro agrupamentos diferentes demonstram os valores e os princípios das edificações iniciais. O primeiro deles é o da praça dos Três Poderes. Os palácios do Planalto e do Supremo Tribunal Federal estão dispostos de frente e de perfil em relação a ela. Desenvolvendo o modelo definido, "caixa de vidro" em recuo, o Planalto se eleva sobre colunas nas fachadas frontais e posteriores. Aí, essas colunas se definem pela reta vertical e por parabolóides, que correspondem exatamente à meia-rotação da coluna do Alvorada, com vértice ligeiramente apoiado de frente.

No prédio do Supremo, como é edificado com a lateral voltada para a praça, essa fachada exibe seu volume de forma limpa, transparente, onde a série de colunas se inicia e se ergue do solo, face a face, sublinhando, com a continuidade da reta do piso elevado, a linha que une as extremidades. A colunata aí, idêntica à do Planalto, libera a lateral, para que esta seja vista como um simulacro da fachada do Planalto.

As rampas de acesso a ambos os palácios reforçam a assimetria equilibrada das fachadas, contrapostas com elementos arquitetônicos e escultóricos: no caso do Planalto, o palanque ovalóide em mármore branco; e, no do Supremo, a escultura em pedra granitada *A Justiça*, do mineiro Alfredo Ceschiatti (1918-89).

O vértice do triângulo da praça é marcado pelos prédios do Congresso Nacional: duas torres verticais, interligadas no alto por uma passarela, apresentando um contraste com a base, estendida na horizontalidade, e pelo assentamento de duas cúpulas, sendo uma voltada para baixo e a outra, maior, para o alto. Aí o conceito aplicado é o de equilíbrio assimétrico, determinado pelo afastamento de uma das cúpulas.

Posteriormente, dois outros monumentos foram erigidos na praça dos Três Poderes: durante o regime militar (1964-85), o *Mastro da bandeira*; e, em 1986, o *Panteão da pátria Tancredo Neves*, que foi elaborado como arquitetura escultórica, composta por dois prismas piramidais invertidos que dão movimento à edificação, sugerindo a pomba da paz.

No extenso patamar destinado a manifestações populares – praça do Povo, ou ainda, a Versalhes do Povo, como Lúcio Costa designou a praça dos Três Poderes –, houve a preocupação em criar um espaço para o tempo do gozo estético, juntando as funções simbólicas da pátria (capital, com seus três poderes), ideologia (socialismo e paz), percepção (educação) e arte (belo).

O segundo agrupamento arquitetônico é formado por dois ministérios: o da Justiça e o das Relações Exteriores (Itamaraty). São situados um em frente ao outro e se diferenciam dos demais, de volumetria retangular em ritmo simétrico.

O Itamaraty, ou Palácio dos Arcos, surge de um espelho d'água, com um volume envidraçado transparente, cercado de arcos plenos de concreto aparente, que remetem à textura de madeira ripada, aonde se chega atravessando passarelas sobre a água.

Ali uma escultura de Bruno Giorgi (1905-93), intitulada *Meteoro*, emerge e se integra à fachada refletida, refletindo-se. Composta em mármore branco, repete sempre o elemento curvo, criando vazios entre eles, no interior de um único bloco, em forma circular. Essa escultura dialoga com o jardim aquático criado pelo arquiteto paisagista de Brasília, Roberto Burle Marx (1909-94), com plantas tropicais exóticas, que por sua vez se reflete no palácio, integrando o ambiente, repercutindo o fora e o dentro.

Os demais ministérios formam o terceiro agrupamento arquitetônico, simetricamente dispostos ao longo de cada lado da esplanada. Estão ordenados em forma de paralelepípedos, nos quais a monocromia e a grade se evidenciam na série que formam. Aí transparece a isonomia de ações administrativas para cada um desses edifícios.

Nesse correr de prédios ministeriais entram aspectos específicos de espacialidade da arquitetura, ou seja, das regras que determinam a regularidade dessas construções, sua materialidade e sua relação com o vazio.

Os componentes da edificação – concreto, aço e vidro translúcido – se fundem numa planaridade e invertem os dados habituais da percepção: uma massa flutua sob a grade, remetendo a uma escultura minimalista.

O ritmo binário que os prédios formam ao longo da esplanada é rompido pelo espaço ocupado pela catedral e pelo conjunto cultural da República, que ora se completa na face oposta à do Teatro Nacional. A perspectiva que a esplanada oferece, seja através de um ponto de vista a partir do Congresso Nacional, seja da plataforma rodoviária em direção ao horizonte, traz visibilidade a um traçado e planejamento da estética brasileira inserida no programa construtivo, em toda a sua intensidade. Despojamento, pureza, luz, espaço e movimento são trabalhados racionalmente, dando a percepção física da luminosidade.

Uma experiência estética, concreta, irredutível e forte é engendrada nesses conjuntos arquitetônicos e imprime um valor próprio ao traçado e planejamento do quarto conjunto, formado pela catedral, pelo Teatro Nacional e o conjunto cultural. Comecemos pela catedral.

A céu aberto, os evangelistas Marcos, Mateus, Lucas e João, esculturas em bronze, são alinhados à entrada e anunciam a Palavra, limiar que se atravessa para aceder ao templo, do qual a parte visível é a cobertura. Esta, composta por um volume circular, formado por pilares de concreto branco de forma seccionada em parabólica, tem em seus espaços intermediários um jogo de polígonos de estrutura metálica com vidro transparente nos encaixes. Penetra-se no interior da catedral por um intervalo sombrio, propiciado pela rampa que dá em seu subsolo para, subitamente, mergulhar na intensa luminosidade do espaço. Essa luz se move continuamente, seja pela própria intensidade do sol, seja pelo movimento colorido do espelho d'água que circunda a catedral e é filtrado através dos vitrais. Há aí um envolvente desencadeamento de beleza e espiritualidade provocadas pela seqüência de luz-sombra-luz na passagem do adro à rampa e, depois, à nave.

No alto da nave da catedral, três esculturas suspensas, de Alfredo Ceschiatti e Dante Croce (1937), representam anjos em vôo, que remetem ao barroco, e pequenas pinturas de Athos Bulcão (1918) dispostas na parede representam a vida de Maria. A cúpula oval do batistério e o campanário completam esse conjunto de esculturas arquitetônicas brancas, pontuadas pela utilização de alguns elementos que se referem a formas estruturais percebidas nesse percurso, como as colunas do Alvorada, executadas no campanário, que compõem com as pilastras da catedral.

Do outro lado do eixo monumental, o Teatro Nacional (hoje Teatro Nacional Claudio Santoro) contrasta com os edifícios dos ministérios pela sua forma piramidal, sem o ápice, tal uma pirâmide centro-americana. As fachadas frontal (que dá para a plataforma rodoviária, fazendo a ligação com o eixo rodoviário) e posterior (que dá para os ministérios) são compostas por pilares de concreto com vidros transparentes, encaixados em estruturas metálicas nos interstícios. A fachada que dá para a esplanada, de autoria de Athos Bulcão, se constitui por relevos brancos, em concreto em toda sua extensão. Para esse monumental relevo, o artista adotou a idéia de cubos de dimensões diversas, organizados segundo uma estrutura modular com relações numéricas e volumétricas, expandida em série. Sob o sol, um jogo intenso de luzes e sombras se estabelece, transformando-se a cada momento, enfatizando as oposições de volumes e planos, peso e leveza, e multiplicando as possibilidades da linguagem geométrica.

No interior e no exterior do edifício, jardins de Burle Marx agregam beleza às formas e se integram, no foyer, às esculturas de Ceschiatti e Marianne Peretti (1927).

Parte do novo conjunto cultural da República, que por ora se limita ao museu e à biblioteca, completa o traçado original da esplanada, conferindo-lhe a coerência planejada. Aí se verifica o fecho proposto pelo arquiteto, sintetizando a lógica de sua criação. Por um lado, o edifício da biblioteca, retangular, com o sistema de arcos plenos articulados no primeiro andar, elevado sobre pilotis, arremata idéias e conceitos desenvolvidos desde as primeiras obras de Brasília, assim como a grade monocromática e vazada, empregada na volumetria do edifício, e o sistema de rampas que o compõe. Por outro, a cúpula do museu não deixa dúvidas sobre o diálogo que estabelece com aquelas do Congresso, mesmo quando assume aberturas e rampas de acesso no contorno.

Atravessando a plataforma rodoviária, chega-se ao ponto mais alto do eixo monumental, onde se ergue a Torre de televisão, obra de autoria de Lúcio Costa. Sua estrutura metálica se sustenta sobre uma base triangular de concreto aparente. Além de sua função própria, abriga o Museu de Gemas e um mirante, de onde se pode lançar o olhar para além de toda a cidade.

Ao longo do eixo rodoviário, as superquadras se estendem pelas asas Norte e Sul. As projeções comportam nove blocos em cada superquadra, dispostos geometricamente, com amplos vãos livres provocados pelos pilotis, concretizando o conceito de habitação coletiva elaborado por Le Corbusier. Passagens livres para a travessia dos pedestres, que não perdem de vista o horizonte, a maioria delas dispõe de equipamentos urbanos que os aproximam e lhes facilitam a vida quotidiana. Comércio local, escolas, igrejas, clubes e vegetação proporcionam encontros e convivência.

Quanto à escolha dos artistas que se incorporariam ao projeto de construção da nova capital, houve, à época, muita polêmica por parte da crítica. A avaliação era a de que a maioria deles não pertencia aos movimentos da vanguarda brasileira.

Em se tratando dos artistas modernistas, rotulados de "acadêmicos", eles provinham de experiências anteriores com o arquiteto Oscar Niemeyer, como a da construção do complexo da Pampulha, em Belo Horizonte, nos anos 1940. Oscar Niemeyer, em razão de sua militância política, também convidou artistas que tinham um engajamento com a causa comunista, em detrimento, como pesou a crítica no momento, de um engajamento com a linguagem. Arte e revolução ou arte revolucionária?, perguntava-se.

O projeto de Niemeyer foi pensado em termos de integrar a contribuição dos artistas contemporâneos, tanto na parte externa como no interior dos prédios.

Na parte exterior, como ponto de equilíbrio para a arquitetura do Supremo, Ceschiatti criou *A Justiça*, estilizada, enquanto uma escultura em bronze de Bruno Giorgi, *Os guerreiros, ou Candangos*, foi disposta na praça dos Três Poderes. Giorgi concebeu duas figuras humanas de braços erguidos, com lanças diagonais, linear e geometrizada. Nos vazios, entre os braços erguidos das figuras, se desenha no espaço a síntese da colunata do Alvorada. Exercício de percepção, a escultura se tornaria um dos símbolos da capital.

Já voltado para o centro, na parede visível do Museu da Cidade, que também se localiza na praça dos Três Poderes, um nicho suporta uma escultura em pedra-sabão que representa o presidente Juscelino Kubitschek (1902-76) e traz a inscrição de uma frase de seu discurso de inauguração da capital. Há, ainda, no centro da praça, uma obra escultórica do próprio Niemeyer, *Pombal*, em concreto aparente, com dupla volumetria vertical, que se ergue tocando-se em formas elípticas, criando vazios de ritmo irregular.

Athos Bulcão é o artista que mais propôs obras integradas, em todas as escalas. Para cada uma, adotou uma solução correspondente que reflete o humano e suas relações com o espaço. Fundamentado pela idéia de que a arquitetura é um corpo vivo, é seu trabalho que se constrói na complementaridade, em um espaço autônomo, de liberdade e de experimentação. A disseminação das obras de Bulcão pela cidade se estabelece como um referencial importante. Ancorado na estrutura universal das formas da natureza – a abstração geométrica –, seu vocabulário aí se constitui em uma gramática que deságua em sua própria sintaxe poética. Sua obra se expande por muitos meios e muitos tipos de materiais – mármore, granito, madeira, ferro, concreto ou azulejo –, na articulação de sua linguagem, cuja grandeza decorre de formas simples e cores-luz.

De grande visibilidade na cidade são seus azulejos. Recuperando esse elemento tradicional da fusão das artes, principalmente no barroco litorâneo, Athos os transforma em elementos de integração com a arquitetura de Brasília: aeroporto, Congresso Nacional, Igrejinha, comércios e residências abrigam o que ele denomina suas "pinturas arquiteturais", ora em exteriores, ora em interiores. Amortece a densidade das paredes, tirando-lhes a impressão de suporte, ampliando e recortando espaços, conferindo-lhes beleza. Para isso, desenvolveu um sistema de módulos a partir de retas ou curvas, com cores, para a concepção de variáveis possíveis, dentro do princípio de gerar combinatórias para que estas possam se expandir em séries.

Na maioria dos casos, o artista entrega o módulo criado à participação criativa daquele que o fixa, liberando-o para se expressar dentro da lógica proposta, desdobrando-a em alternativas: a original modulada e a sua repetição ou as imensas possibilidades de variáveis que podem ser inventadas. Formas despojadas ou complexas, os azulejos de Athos Bulcão são referência da cidade, na medida em que demarcam muitos locais públicos, oferecendo estímulo ao pensamento dedutivo através da beleza que possibilitam vivenciar.

No que se refere ao interior dos prédios, o Itamaraty encerra um acervo daquilo que há de melhor na arte brasileira, aí entendidos mobiliário, tapeçaria, luminárias e peças, exemplarmente selecionado sob a condução do embaixador Wladimir Murtinho (1922-2002). Obras coloniais, barrocas, neoclássicas e acadêmicas partilham o espaço com obras modernas e se integram à arquitetura.

O interior desse palácio foi articulado em termos de espaços abertos para a livre interferência tanto de artistas plásticos quanto de designers, como Joaquim Tenreiro (1906-92) e Sérgio Rodrigues (1927), conferindo às criações um aspecto integrador de suas propostas à edificação.

Primeiramente, entretanto, devemos chamar atenção mais uma vez para Athos Bulcão. O artista ocupou a parede lateral do grande vão do Itamaraty, na entrada principal. Criou relevos em forma de trapézio, na vertical e em série, instaurando um ritmo no mármore branco, insinuando uma perspectiva que amplia as dimensões do espaço.

Para o segundo pavimento, Athos concebeu uma extensa divisória de madeira em ripas verticais que são percebidas através da vidraça frontal do palácio, conferindo-lhe um outro colorido. Essa divisória, tal uma cortina transparente, é trabalhada com interposição de placas de ferro coloridas em vermelho, branco e preto, estabelecendo ritmo e leveza, filtrando a luz e modulando as tonalidades.

Para o vão do térreo, que contém uma escada escultórica em espiral, a escultura *Ponto de encontro*, da artista Mary Vieira, faz eco à divisória de Bulcão em sua composição de base cilíndrica, que se expande nos bancos de mármore branco de forma semicircular que a circundam, conferindo uma ampliação virtual ao ciclo de seu movimento em reverberação. No centro desses, a escultura se eleva em um eixo vertical, suportado pelo cilindro, e se compõe, na horizontal, de alto a baixo, por placas de alumínio planas e móveis que seduzem o espectador não só a tocá-las, mas a um impulso para compor e recompor a forma que melhor lhe aprouver. Nesse encontro marcado pela artista, há uma convocação para participar de sua arte, ecoando a criação e a recriação de sua escultura, a partir das coordenadas propostas.

Na escultura de Mary Vieira pode-se perceber que o limite é o eixo e que há, dentro desse limite axiomático, uma idéia de liberdade, racional, objetiva, na qual a forma-matriz permite que a mão manuseie o rastro da origem: o "ponto de encontro", gênese de novas formas e do prazer da descoberta de uma outra realidade inexistente na natureza.

Essa obra de Mary Vieira ressoa com uma outra na sede do Banco Central, o *Evento elipsoidal*, um polivolume que tem, no círculo, a base e o eixo da escultura. Anuncia-se aí o evento em elipse, em omissão de coisas e formas que se subentendem.

Em ambas as esculturas, na provocação do encontro com o espectador é que se instaura a poética do desejo: tocar, experimentar, explorar as múltiplas possibilidades de mutação da forma, da luz e do movimento.

A escultura em metal de Franz Weissmann, *Transfiguração*, situada no térreo do Palácio do Itamaraty, dialoga com o *Ponto de encontro* de Mary Vieira. Trata-se de uma obra vertical, em colunas compostas por uma combinatória de círculos e quadrados desenhados no espaço, compondo-se e recompondo-se nos vazios, podendo ascender, em progressão geométrica, ao infinito.

Em contraponto à escultura lógica e racional do concretista Weissmann, Maria Martins situa a sua, surrealista, *A mulher e o sonho*, em bronze, no jardim interno de Burle Marx. Trata-se de duas figuras, uma feminina e outra masculina, que se ligam por meio de um cipoal que parte, como um cordão umbilical, da coluna vertebral de uma para enlaçar, com nós, a outra, envolvendo a cabeça e a perna estendida, informe, da personagem, em direção ao passo da outra, para que esse cordão retorne, contorcido, como uma serpente de boca aberta.

Canto da noite é outra peça escultórica de Maria Martins, colocada no jardim que Burle Marx realizou para o terceiro pavimento do Palácio do Itamaraty. Lá ela dialoga com a última obra do escultor Victor Brecheret (1894-1955) e com a escultura em bronze *As duas amigas*, de Alfredo Ceschiatti.

Uma parede no segundo pavimento traz a única pintura especialmente encomendada para esse palácio. Trata-se de um grande afresco de Alfredo Volpi (1896-1988), em que o artista trouxe a síntese de sua obra: a técnica, a história, a linguagem. Na extremidade de um espaço cúbico tornado quase sagrado, Volpi criou o seu *Sonho de Dom Bosco*. Nele, a figura de Bosco se destaca de um fundo azul, elevando-se acima do centro de um cubo visual, riscado em branco, na tradição das lições de perspectiva de Giotto ou Alberti. Nesse espaço, uma miríade de triângulos pretos e vermelhos, com os vértices voltados para cima, equilibrados assimetricamente nos dois lados da figura central, indica um movimento de ascensão. Acima do cubo, duas formas semi-elípticas em rasgos brancos, nuvens, e, nas laterais, semi-arcos e verticais em branco que, na composição, afirmam a relação que se volta para o alto, figura-fundo, refletindo aquilo que se aproxima e aquilo que se afasta, estabelecendo o jogo da materialidade da arte de Volpi.

Ainda três importantes artistas concretistas criaram obras para integrá-las à arquitetura no subsolo do Palácio do Itamaraty: Rubem Valentim (1922-91), Emanoel Araújo (1940) e Sérgio Camargo (1930-90). Cada um deles propõe, à sua maneira, o engajamento com uma conceituação própria dessa vertente.

Rubem Valentim elaborou um grande painel horizontal de madeira, recortado e pintado com esmalte branco, transgredindo um dos principais dogmas da arte concreta brasileira, que diz respeito à representação. Nesse painel, o artista propõe uma abordagem geométrica, reduzindo a imagem emblemática de cultos africanos no Brasil a seus elementos essenciais. Capturando a luminosidade que nele reflete, o extenso painel é composto por diferentes relevos que são distribuídos na horizontal, em ritmo simétrico, e intercalados por elementos verticais, que o encerram.

Emanoel Araújo propôs um painel de relevo em madeira, também em branco, com peças que estabelecem um ritmo em movimento na composição, onde dominam as diagonais de diferentes dimensões, em síncopes alternadas.

Sérgio Camargo trabalhou relevos em concreto, brancos, em uma parede de dupla face, com pé-direito duplo. As formas cilíndricas dos blocos são multiplicadas ao infinito. O diálogo que esses painéis instauram no espaço impõe uma percepção do tratamento que foi aí conferido pela arte e pela arquitetura, criando tensão, por meio da pureza dos brancos utilizados, produzida entre sombra e luz, reta e curva, apresentando uma tradição que percorre a linhagem construtivista e trabalha por uma estética brasileira.

Brasília adquire, então, seu aspecto definido, pontuado e referenciado pelo conceito de integração, com o objetivo de tornar públicos a arte e o prazer estético que o raciocínio lógico pode conferir à percepção, por meio da educação do olhar, propondo soluções tanto aos embates priorizados no Construtivismo quanto àqueles relacionados ao projeto construtivo na arte brasileira.

Para os habitantes ou para os que são passantes, essa capital oferece sinais de grande beleza, que podem se originar a partir da evidência arquitetônica ou urbanística, ou ser daqueles mais sutis, oferecidos pelos elementos plásticos que os integram. O desejo explícito de complementaridade que foi entendido pelos artistas que participaram de seu projeto não os impediu de se expressarem em um espaço de liberdade e de experimentação, imprimindo suas marcas, como foi possível perceber no percurso feito, em vôo, sobre alguns aspectos do traçado da cidade.

O arremate

O programa construtivo de Brasília não estaria realizado sem a criação de uma universidade que fundamentasse o espírito científico, cultural e tecnológico na nova capital. Inaugurada pela astúcia de seu idealizador, Darcy Ribeiro, junto com o educador Anísio Teixeira, foi instaurada, em sua origem, propondo uma verdadeira revolução do ensino universitário no país.

Darcy Ribeiro constituiu um quadro de excelência em diversos campos do conhecimento, tendo como compromisso a solução de problemas brasileiros e o comprometimento com os padrões internacionais do saber. Para criar o Instituto Central de Artes da Universidade de Brasília (UnB), Darcy chamou o arquiteto Alcides da Rocha Miranda (1909-2001), que já estava na capital para criar um núcleo do Serviço do Patrimônio Histórico e Artístico Nacional (Sphan). Rocha Miranda era um arquiteto-artista que convivera com o ensino modernista proposto por Lúcio Costa na Escola Nacional de Belas Artes, nos anos 1930, e, na linguagem da pintura, com o artista cubista André Lhote (1885-1962), quando este esteve no país, além de ter ligações fortuitas com os modernistas brasileiros. Nos anos 1950, foi para a Faculdade de Arquitetura da Universidade de São Paulo e se debruçou sobre um projeto pedagógico que abrangesse a Escola de Belas Artes, para que os futuros arquitetos tivessem, além da formação técnica, uma formação artística.

Entretanto, por outros fatores, esse projeto seria rediscutido e implantado na UnB. Os professores convocados, entre arquitetos, musicistas, pintores, gravadores, estetas, historiadores da arte, escultores, programadores visuais, designers, fotógrafos e cineastas, eram, em sua maioria, notáveis, ligados a movimentos contemporâneos, atuantes em seus lugares de origem. Dividiram-se, no início, em três departamentos (Teoria e História; Expressão e Representação; e Tecnologia da Construção). Ofereciam as disciplinas do denominado curso-tronco, de dois anos de duração, fundamentando os conhecimentos necessários em oficinas, ateliês, salas de aula e canteiros de obras. Dessa maneira, os alunos se preparavam para decidir por uma carreira que poderia se voltar tanto para especificidades da arte quanto para a arquitetura. Posteriormente foi implantada uma área de artesanato.

No imenso canteiro de obras que se tornara a UnB, replicando o da cidade, eram imperiosos o acompanhamento e a proposição de obras, a criação de mobiliário, a prática da programação visual em edições requintadas, enfim, a experimentação em todas as áreas artísticas ou tecnológicas. Uma perspectiva diversificada para a formação dos estudantes era objetivada principalmente pela invenção. Mudanças curriculares eram promovidas ao longo do processo, aperfeiçoando o ensino. Construção com intenção artística (palavras de Lúcio Costa); integração das artes; a arte voltada para a produção, a partir de um protótipo; autonomia das linguagens artísticas; a pesquisa da arte e da técnica para o desenvolvimento dos meios audiovisuais; e a tecnologia da construção eram alguns dos temas pautados pelo esforço coletivo para se criar uma Bauhaus brasileira.

Os pequenos prédios com projeto de Oscar Niemeyer, levantados em pré-moldados, fabricados ali com a finalidade de acomodar os serviços gerais da universidade, foram apropriados pelo Instituto Central de Arte (ICA). Em seus corredores, a exposição permanente de objetos e peças do artesanato latino-americano e indígena reforçava a idéia de integração nacional e continental, uma das razões da mudança da capital para o interior, provocando debates freqüentes sobre o tema.

A ligação da universidade com a cidade era intensa, com espetáculos, concertos, mostras cinematográficas, debates. Uma grande efervescência do início de Brasília.

Não vou me estender sobre o desenrolar desse projeto, abortado pela invasão da Universidade de Brasília e sua destruição durante o regime militar. Dessa experiência única restou não somente a formação multifacetada idealizada pelos professores, mas, é claro, muita dor e sofrimento daqueles que dela participaram. Quanto ao ICA, muitos de seus alunos, como Guilherme Vaz ou Luiz Alphonsus Guimarães, por exemplo, beneficiados pela riqueza da experiência, publicaram depoimentos sobre a formação e a frustração ali vivenciadas quando da extinção do instituto.

Depois de um longo trabalho de resistência, luto e luta, em 1989, o que havia restado do campo artístico, após a sistemática ingerência e intervenção havida durante os anos de ditadura, se reergueu. O departamento de Música, então ligado ao Instituto de Comunicação e Expressão, e o departamento de Desenho, ligado ao Instituto de Arquitetura e Urbanismo, reuniram-se para formar novamente um instituto de artes.

Pela força da Lei da Anistia, muitos professores do ICA iriam agora ser reintegrados ao quadro, juntando-se aos resistentes que lá estavam e a novos contratados. A partir de congressos e encontros nacionais e internacionais que trataram do ensino da arte na universidade, foi possível pensar em um projeto pedagógico de (re)fundação do Instituto de Artes. Sem saudosismo, respeitando o passado, afirmando um ensino flexível, voltado para questões teóricas e práticas da arte, afinadas com as vertentes mais avançadas do pensamento contemporâneo das linguagens artísticas, foram instituídos, então, os departamentos de Música, Artes Visuais e Artes Cênicas. Posteriormente, uma subdivisão do departamento de Artes Visuais formou o departamento de Desenho Industrial. Alguns dos projetos originais, seja o da Edições de Arte ou o do Centro de Documentação e Acervo, foram retomados com a finalidade de produzir e dar suporte aos cursos de graduação e pós-graduação. Livre da intervenção e da ingerência do regime militar, a UnB se inscrevia novamente no movimento artístico de Brasília e, por extensão, do país.

Com quase meio século de existência, a capital do Brasil é a realização do gesto primário que se tornou o gesto da modernidade. A abstração geométrica domina a amplidão do horizonte, e a extensão homogênea de seu traçado evidencia a indissolubilidade da cidade como realidade, como imagem e como símbolo. Ao mesmo tempo em que é objeto de desejo, ela é próxima e distante, fascinante e repulsiva, atraente e rebelde, necessária e insuportável, familiar e impenetrável, oferecida e inacessível, para si própria, para o homem da rua, para os habitantes ou para os que estão de passagem e para aqueles que se deixam capturar.

As representações urbanísticas, arquitetônicas e artísticas que ela desperta, as idéias e valores que ela torna perceptíveis estão longe de encontrar no público um eco unânime, seja em monumentos datados, seja no diálogo que esses provocam através do jogo engendrado pelas novas edificações (como é o caso dos edifícios do Congresso Nacional, dos ministérios e dos palácios com os prédios novos dos tribunais e procuradorias, por exemplo, na confrontação contínua de verticais/horizontais/círculos) e pelo novo sistema viário, principalmente das vias que margeiam a sinuosidade anamórfica do lago Paranoá, tornando *flous*, em sobrevôo, os contornos do plano piloto.

Os nossos modernistas, alimentados pela ideologia utópica do movimento construtivista internacional, que engendrou o programa construtivo na arte brasileira, desejavam que a sociedade pudesse encontrar, no ambiente criado pela arte, o meio que melhor lhe conviria à vida. O tombo (e não o tombamento de Brasília como Patrimônio Mundial pela Unesco) é proporcional ao sonho das vanguardas históricas do século XX. É esse patrimônio, legado de um sistema de pensamento, que ordena que se reinterprete, critique, desloque, isto é, que se intervenha ativamente para que tenha lugar uma transformação na apropriação do passado, para relançá-lo e preservá-lo vivo.

[+] [+] [+]

referências e fontes

[p5] Para as imagens de satélite consultei o Google Earth

[p5-8] O relatório elaborado para o concurso para o plano piloto, em 1957, sob o título *Brasília*, faz parte de um conjunto de ensaios de Lúcio Costa, organizado sob orientação de Edgard Graeff, *Sobre Arquitetura*, vol.I (Porto Alegre, Centro dos Estudantes Universitários de Arquitetura, 1962). Todas as referências sobre Lúcio Costa provêm dessa coletânea.

[p6] A este propósito, ver a manifestação de Mário Pedrosa no Congresso Internacional de Críticos de Arte, realizado em Brasília e São Paulo. Essa passagem, como todas as que se referem ao crítico, está em *Dos murais de Portinari aos espaços de Brasília*, organizado por Aracy Amaral (São Paulo, Perspectiva, 1981).

[p6-9-8] Aracy Amaral reuniu no catálogo da mostra organizada pelo MAM e pela Pinacoteca do Estado de São Paulo textos e manifestos que consultei e/ou citei aqui, os quais convergem para o *Projeto construtivo na arte brasileira* (1950-1962) (Funarte, 1977).

[p10] Damián Bayón trata da moderna arquitetura latino-americana em *Pensar con los ojos: ensayos de arte latinoamericano* (Cidade do México, Fondo de Cultura Económica, 1982).

[p11] Após as críticas formuladas por Max Bill na revista *Manchete* (nº 60, em 13 jun 1953), Lúcio Costa responde (nº 63, em 4 jul 1953) em artigo intitulado "Oportunidade Perdida", chamando atenção para velhos recalques pueris contra os princípios de Le Corbusier.

[p13-21] As informações sobre todos os artistas e movimentos internacionais foram retiradas dos textos de Hal Foster, Rosalind Krauss, Yve-Alain Bois e Benjamin H.D. Buchloch, em *Art Since 1900: Modernism, Antimodernism, Postmodernism* (Londres, Thames and Hudson, 2004).

[p18] Thierry de Duve coloca a idéia da questão modernista da pintura como linguagem e do abandono da figuração pela pintura pura, atentando para o fato de que muitos artistas transitaram entre a teoria e a pedagogia da nova linguagem, em *Nominalisme pictural: Marcel Duchamp: la peinture et la modernité* (Paris, Editions de Minuit, 1984).

[p21] Sobre as mudanças na arte no Novo Continente, ver o relato de Damián Bayón em *América Latina en sus artes* (Cidade do México, Siglo XXI, 1974), Frederico Morais, *Artes plásticas na América Latina: do transe ao transitório* (Rio de Janeiro, Civilização Brasileira, 1979) e Marta Traba, *Duas décadas vulneráveis nas artes plásticas latino-americanas, 1950-1970* (Rio de Janeiro, Paz e Terra, 1977).

[p23-26] O catálogo *Projeto construtivo na arte brasileira*, já referido, documenta esse percurso, tendo sido aqui utilizado para retraçá-lo.

[p25 e 27] A propósito da repercussão dos trabalhos de neoconcretistas brasileiros, ver a revista *Robho*, nºs 4, 5 e 6, publicadas em Paris no final dos anos 1960 e início dos anos 1970, que destacam trabalhos como *O corpo é a casa*, de Lygia Clark, *Penetráveis*, de Hélio Oiticica, e *Cubos-nascimento*, de Lygia Pape. Em 1973, a revista *Art Press* destaca o trabalho de Antonio Dias na VIII Bienal de Paris, com artigo de Paulo Sérgio Duarte.

[p29] Matheus Gorovitz, em *Brasília, uma questão de escala* (São Paulo, Projeto, 1985), faz um estudo detalhado sobre o conceito de escala, a partir de Lúcio Costa e Le Corbusier.

[p31-43] Todas as construções e obras de arte que as integram tiveram um *pour-mémoire* exposto no *Guia de urbanismo, arquitetura e arte de Brasília*, de Andrea Costa Braga e Fernando Falcão (Brasília, Fundação Athos Bulcão, 1997).

[p44] Os professores que participaram do ICA, do início até o pedido coletivo de demissão, junto com o dr. Alcides da Rocha Miranda, em 1965, foram: Alfredo Ceschiatti, Amélia Toledo, Ana Mae Barbosa, Athos Bulcão, Claudio Santoro, Carlos Jorge Guidacci da Silveira, Carlos Reininger de Azevedo Moura, Claus Berger, Cleber Faria Pinto, Edgard Graeff, Elvin Donald Mackay Dubugras, Esther Joffily, Eustáquio Toledo, Fernando Sousa Santos, Francisco de Assis Amaral de Resende, Gelsa Ribeiro da Costa, Glênio Bianchetti, Hugo Mund Junior, Jean-Claude Bernadet, Jesuíno Leite Ribeiro, João Evangelista Andrade Filho, Joaquim Tomaz Jayme, José Eduardo Maia de Mendonça, José Sebastião Rios de Moura, Lena Coelho Santos, Leo Dexheimer, Levy Damiano Cozzella, Luiz Humberto Miranda Martins Pereira, Lygia Martins Costa, Maciej Babinsky, Lucilla Ribeiro Bernadet, Maria Amália Martins del Picchia, Maria Amélia Martins Cozzella, Marília Rodrigues, Max Trifler, Myrian Cunha, Moacir del Picchia, Nelson Pereira dos Santos, Nise Obino, Paulo Emílio Salles Gomes, Paulo Ferreira Martins, Ramiro de Porto Alegre, Regis Duprat, Rogério Duprat, Suzy Piedade Chagas Botelho, Sylvio Augusto Crespo Filho, Yulo Brandão, Zanine Caldas.

sugestões de leitura

O PESQUISADOR Paulo Bertran propõe em seu livro *História da terra e do homem no Brasil central* (Brasília, Solo, 1994) um levantamento do percurso humano na região, tida como uma das mais antigas formações geológicas do planeta.

Guilherme Wisnik faz um estudo detalhado sobre a obra de Lúcio Costa em *Lúcio Costa* (São Paulo, Cosac & Naify, 2001).

A teoria e a história do Modernismo são mostradas a partir de escritos e manifestos de artistas, desde o século XIX, em *Teorias da arte moderna*, organizado por H.B. Chipp (São Paulo, Martins Fontes, 1988).

Jorge Romero Brest, *Los nuevos de entonces: concretos. El arte en la Argentina* (Buenos Aires, Paidós,

1969), e Damián Bayón, *Aventura plástica de Hispano America: breviarios* (Cidade do México, Fondo de Cultura Económica, 1974), são dois clássicos da crítica de arte latino-americana.

A propósito do programa construtivo na arte brasileira, Otília B.F. Arantes reuniu, na coletânea *Mário Pedrosa, itinerário crítico* (São Paulo, Stritta, 1991), alguns dos textos do crítico que se referem ao tema. São relevantes, também, escritos das décadas de 1950/60, de Frederico Morais *Artes plásticas, a crise da hora atual* (Rio de Janeiro, Paz e Terra, 1975), e de Ronaldo Brito *Neoconcretismo, vértice e ruptura do projeto construtivo brasileiro* (Rio de Janeiro, Funarte/Instituto Nacional de Artes Plásticas, 1985), onde especifica sua teoria.

A escultura modernista brasileira é estudada em *Tridimensionalidade* (São Paulo, Itaú Cultural, 2000), e inclui os escultores que integraram suas obras à arquitetura de Brasília.

O artista Athos Bulcão teve sua obra reunida em livro com texto de Agnaldo Farias: *Athos Bulcão* (Brasília, Fundação Athos Bulcão, 2002).

As composições dodecafônicas do maestro Claudio Santoro, as eletrônicas de Jorge Antunes e as eletroacústicas de Conrado Silva adequam-se ao espaço-tempo de Brasília; poetas de Águas Emendadas, como Chico Alvim e Nicolas Behr, aí se inscrevem, bem como João Almino, com o romance *As cinco estações do amor* (Rio de Janeiro, Record, 2001).

O catálogo da exposição "Panorama das artes visuais no Distrito Federal", organizada em 1998 pela Fundação Cultural do Distrito Federal, e as mostras de fotografias "Cidade Livre", de Joaquim Paiva, e "Brasília de 0 a 40, Duas Visões", de Robert Polidori e Todd Eberle, ambas de 2000, trazem uma pequena amostragem do estado geral da arte e da arquitetura em Brasília.

1ª EDIÇÃO [2007]

ESTA OBRA FOI COMPOSTA POR FUTURA EM MINION E TREBUCHET
E IMPRESSA PELA UMLIVRO EM PROCESSO DE IMPRESSÃO
SOB DEMANDA SOBRE PAPEL ALTA ALVURA DA SUZANO S.A.
PARA A EDITORA SCHWARCZ A PARTIR DE SETEMBRO DE 2020